RÉPUBLIQUE FRANÇAISE

RÈGLEMENT INTÉRIEUR

DU

CONSEIL GÉNÉRAL

de la Drôme

LOI DU 10 AOUT 1871

mise à jour au 1er octobre 1927

VALENCE
TYPOGRAPHIE ET LITHOGRAPHIE GRANGER T LEGRAND

1927

RÈGLEMENT INTÉRIEUR

DU

CONSEIL GÉNÉRAL

RÉPUBLIQUE FRANÇAISE

RÈGLEMENT INTÉRIEUR

DU

CONSEIL GÉNÉRAL

de la Drôme

LOI DU 10 AOUT 1871

mise à jour au 1er octobre 1927

VALENCE

TYPOGRAPHIE ET LITHOGRAPHIE GRANGER ET LEGRAND

1927

RÈGLEMENT INTÉRIEUR

DU

CONSEIL GÉNÉRAL

CHAPITRE Ier.

Des sessions.

ARTICLE Ier. — Le Conseil général se réunit de plein droit chaque année en deux sessions ordinaires.

La première session s'ouvre entre le 15 avril et le 15 mai au jour fixé par le Conseil général dans sa deuxième session de l'année précédente. Elle a une durée maximum de quinze jours et doit être close au plus tard le 20 mai.

La deuxième session s'ouvre entre le 15 août et le 1er octobre au jour fixé par le Conseil général dans sa première session. Elle a une durée maximum d'un mois et doit être close au plus tard le 8 octobre.

Au cas où le Conseil général ne prendrait pas de décision à cet égard, la date d'ouverture de chacune des deux sessions sera fixée par la Commission départementale qui en donnera avis au Préfet (1).

Néanmoins une lettre d'avis rappelant le jour et l'heure de la réunion est adressée à chaque membre du Conseil, par les soins du Préfet, huit jours au moins avant l'ouverture des

(1) Modifié conformément à la loi du 23 juillet 1927.

sessions, en même temps que sera envoyé par le Préfet son rapport sur les affaires de la prochaine session.

Article 2. — Le Conseil peut, en outre, être réuni extraordinairement :

1° Par décret du Président de la République ;

2° Par le Préfet ;

3° Si les deux tiers des membres en adressent la demande écrite au Président ;

4° Sur la demande de la Commission départementale.

Dans ces deux derniers cas le Président du Conseil général ou le Président de la Commission départementale en donnent avis immédiatement au Préfet qui convoquera d'urgence.

Article 3. — La durée des sessions extraordinaires ne pourra excéder quinze jours.

Toutefois, si le Conseil général ne se réunit pas aux jours fixés en nombre suffisant pour délibérer, la durée légale de la session ne courra qu'à partir du jour fixé pour la seconde réunion, conformément à la loi du 1er avril 1886.

Article 4. — Si le Parlement vient à être illégalement dissous ou empêché de se réunir, le Conseil général s'assemble immédiatement de plein droit, et sans qu'il soit adressé de convocation spéciale, à Valence.

Il peut s'assembler partout ailleurs, dans le département, si le lieu habituel de ses séances ne lui paraît pas offrir de garanties suffisantes pour la liberté de ses délibérations.

Le Conseil n'est valablement constitué, en ce cas, que par la présence de la majorité de ses membres, qui pourvoiront d'urgence au maintien de la tranquillité publique et de l'ordre légal.

Le Président est chargé de veiller à la sécurité extérieure de l'Assemblée et doit prendre à cet effet toutes les mesures nécessaires, conformément à la loi du 15 février 1872.

CHAPITRE II.

Du Bureau.

Article 5. — A l'ouverture de la session d'août, le Conseil général se réunit sous la présidence du plus âgé des membres présents.

Il est assisté des deux plus jeunes membres présents, lesquels remplissent les fonctions de secrétaires.

Le bureau provisoire, ainsi constitué, reste en fonctions jusqu'à la constitution complète du bureau définitif.

Il est procédé à l'appel nominal, puis, avant tout débat, à la nomination du bureau définitif, composé d'un Président, de deux Vice-Présidents et de deux Secrétaires, dans les formes prévues à l'article 51.

Article 6. — Les membres du bureau définitif restent en fonctions jusqu'à l'ouverture de la session ordinaire d'août suivante.

Article 7. — Le membre qui a été Président ou Vice-Président pendant deux années consécutives ne peut, à la session ordinaire d'août suivante, être réélu dans les mêmes fonctions.

Article 8. — Le Président dirige les travaux du Conseil général, fait observer le règlement, maintient l'ordre et a seul la police de l'Assemblée.

Article 9. — Les rapports ou communications du Préfet, les propositions émanant de l'initiative des membres du Conseil, les amendements, les ordres du jour motivés, les demandes de questions, de scrutin, de comité secret, doivent lui être remis.

Article 10. — Il ouvre la séance, donne connaissance au Conseil des communications qui le concernent et fait arrêter le règlement de l'ordre du jour; il dirige les délibérations; il accorde seul la parole, rappelle seul à la question et à l'ordre; il prononce l'ouverture et la clôture des scrutins, proclame le résultat des délibérations et prononce la levée de la séance.

Article 11. — Il reçoit les démissions des membres et en donne avis immédiatement au Préfet.

Article 12. — Il signe le procès-verbal des séances qu'il a présidées et les originaux authentiques des délibérations votées par le Conseil; il en opère la transmission.

Article 13. — C'est par son intermédiaire que le Conseil général adresse, s'il y a lieu, directement au Ministre compétent les réclamations que le Conseil général aurait à présenter dans l'intérêt spécial du département, ainsi que l'opinion du Conseil sur l'état et les besoins des différents services publics, en ce qui touche le département.

Article 14. — Le Président adresse directement au Ministre de l'Intérieur les comptes administratifs et les observations du Conseil général sur ces comptes.

Article 15. — Les Vice-Présidents remplacent le Président empêché; ils ont les mêmes pouvoirs et prérogatives que le Président, lorsqu'ils le remplacent.

Article 16. — Les Secrétaires surveillent la rédaction du procès-verbal, en donnent lecture et le signent.

Ils inscrivent les Conseillers pour la parole, procèdent aux appels nominaux, font le dépouillement des scrutins publics et, d'une façon générale, participent à toutes les décisions à prendre par le bureau.

Article 17. — Les Vice-Présidents et Secrétaires prennent rang entre eux :

1° D'après l'ancienneté de leur nomination;

2° S'ils ont été élus dans le même scrutin, d'après le nombre de suffrages par eux obteuu;

3° En cas de parité des précédentes conditions, d'après leur âge.

Article 18 — Le bureau du Conseil détermine les règles relatives à la tenue des procès-verbaux et, avec le concours du Préfet, celles relatives au service intérieur.

CHAPITRE III.

Des Commissions.

Article 19. — Chaque année, à sa session d'août, le Conseil se divise en quatre Commissions, qui prennent les noms de Commissions des *Affaires diverses*, des *Chemins de fer et tramways*, des *Finances* et des *Routes*.

Article 20. — Pour la formation de ces quatre Commissions, les membres du Conseil général se réunissent d'abord officieusement en Commission plénière et préparent un projet de répartition, en appelant autant que possible à faire partie de chaque Commission, au moins un représentant de chaque circonscription. Ce travail ainsi préparé est ensuite soumis au Conseil général, qui le sanctionne, s'il n'y a pas d'opposition.

Article 21. — Chaque Commission est composée de 5 membres au moins. Le Président n'en fait pas partie ; aucun membre ne peut faire partie que d'une des susdites Commissions.

Article 22. — Le Conseil général peut former une ou plusieurs Commissions spéciales d'études ou d'enquêtes, en vue d'une affaire ou d'une proposition déterminée.

Article 23. — Les dossiers des affaires soumises au Conseil sont distribués aux quatre Commissions ordinaires par les soins du bureau, suivant la nature des affaires qu'elles ont à examiner. En cas de contestation, le Conseil décide quelle est la Commission compétente.

Article 24. — Les Commissions se réunissent à l'issue de la séance dans laquelle elles ont été nommées ; elles désignent leurs Présidents, leurs Secrétaires et leurs Rapporteurs.

Article 25. — Lorsque les affaires sont prêtes à être rapportées en séance publique, le Président de chaque Commission les fait inscrire à l'ordre du jour de la plus prochaine séance, qui est affiché à la porte de la salle du Conseil.

Article 26. — Les pouvoirs des Commissions constituées en vue d'un objet déterminé durent jusqu'à ce que le Conseil ait définitivement statué sur toutes les conclusions formulées dans les rapports déposés en leur nom. Elles peuvent siéger dans l'intervalle des sessions.

Article 27. — Toute Commission ne peut délibérer que sur les objets dont elle a été saisie par le Conseil général.

Article 28. — Toute Commission chargée de l'examen d'un rapport du Préfet ou d'une proposition entraînant soit une diminution dans les recettes, soit une dépense non encore portée au budget, fait un rapport sur l'ensemble du projet, sans pouvoir proposer d'imputations de crédits.

Si les conclusions sont favorables au projet, elle est tenue de les communiquer à la Commission des finances ; celle-ci donne son avis sur l'imputation de crédit ; cet avis est annexé au rapport principal.

Article 29. — Les Commissions communiquent directement avec le Préfet ou les Chefs de service du département par leurs Présidents ou ceux de leurs membres qu'elles ont désignés.

Article 30. — Les Conseillers ont le droit d'assister aux séances des Commissions dont ils ne font pas partie ; d'y être entendus et de prendre, sans déplacement, communication des documents remis aux Commissions.

Article 31. — Chaque année, à la fin de la session d'août, le Conseil détermine, dans les limites fixées par la loi, le nombre de membres dont la Commission départementale se composera, et il procède à leur élection par scrutin de liste, dans les formes prescrites par l'article 51, le nombre de ces membres ne pouvant être inférieur à quatre et supérieur à sept.

CHAPITRE IV.

Des propositions.

Article 32. — Les propositions présentées par le Préfet sont déposées sur le bureau, après lecture, s'il y a lieu.

Article 33. — Toute proposition faite par un Conseiller doit être formulée par écrit; elle est remise au Président, qui en donne connaissance au Conseil.

Article 34. — Toute proposition émanant, soit du Préfet, soit d'un Conseiller est renvoyée de droit à l'examen d'une Commission; aucune proposition ne peut être soumise à la délibération sans avoir été préalablement l'objet d'un rapport de la Commission saisie.

Toute proposition signée ou appuyée par l'unanimité des membres présents est mise en délibération séance tenante et soustraite à la formalité d'un rapport préalable.

L'urgence peut être prononcée sur toute proposition signée ou appuyée par la moitié plus un des membres composant le Conseil général. Si elle est votée, la séance est suspendue de droit en vue de son examen et reprise dans le plus bref délai, pour entendre le rapport de la Commission compétente.

Article 35. — Toute proposition qui n'est pas déposée dans les deux (1) premières séances de chaque session est renvoyée de droit à la session suivante, à moins que l'intérêt de son objet ne soit né depuis le jour de la deuxième (1) séance.

Article 36. — Tout Conseiller peut présenter des contre-projets ou amendements.

Article 37. — Les amendements indiquent la proposition ou le chapitre du budget auxquels ils se rapportent; ils sont rédigés par écrit et déposés entre les mains du Président.

Article 38. — Le Conseil décide si les amendements déposés au cours d'une délibération seront discutés de suite; il peut les renvoyer à l'examen de la Commission saisie de la question à laquelle ils se rapportent.

Article 39. — Tout amendement au projet de budget entraînant soit une diminution dans les recettes. soit une augmentation dans les dépenses doit être déposé dans les trois premières séances de la session et soumis à l'examen de la Commission des finances.

CHAPITRE V.

Des questions.

Article 40. — Des questions peuvent être adressées par les Conseillers au Préfet.

Article 41. — Avis est donné de ces questions au Préfet et au Président; celui-ci en donne connaissance au Conseil, lequel fixe, sans débats, le jour et le moment où les questions seront discutées.

---

(1) Délibération du Conseil général du 1er octobre 1925.

ARTICLE 42. — Les questions posées à l'une des trois premières séances d'une session ne peuvent être renvoyées au delà de cette session.

ARTICLE 43. — Tous les Conseillers peuvent obtenir la parole dans la discussion d'une question.

ARTICLE 44. — Aucun ordre du jour sur les questions ne peut être présenté s'il n'est rédigé par écrit et déposé sur le bureau du Président.

ARTICLE 45. — L'ordre du jour pur et simple, s'il est demandé, a toujours la priorité.

ARTICLE 46. — Si l'ordre du jour pur et simple est écarté, le Conseil peut statuer immédiatement sur les ordres du jour, après en avoir fixé le rang de priorité ; il peut aussi renvoyer les ordres du jour à l'examen d'une Commission. Si la résolution de la Commission est rejetée, il est statué sur les ordres du jour suivant le rang fixé par le Conseil.

CHAPITRE VI.

Des votations.

ARTICLE 47. — Le Conseil vote sur les questions soumises à ses délibérations par mains levées et au scrutin public.

ARTICLE 48. — Le vote par mains levées est le mode de votation ordinaire. Il est constaté par le Président et les Secrétaires, qui comptent, au besoin, le nombre des votants pour ou contre.

Au cas où le bureau déclarerait que le vote est douteux, l'épreuve aura lieu par assis et levé. Le scrutin public est de droit, s'il est demandé par un seul membre entre les deux épreuves.

Article 49. — Le vote par scrutin public et par appel nominal peut être demandé en toute matière, excepté dans les questions de rappel au règlement et d'attribution de parole.

La demande doit être faite par écrit, signée par le sixième des membres présents au moins et déposée entre les mains du Président.

Les noms des signataires sont inscrits au procès-verbal de la séance.

Article 50. — Il est procédé au scrutin public par bulletins nominatifs, de couleurs différentes : blanc pour l'adoption, bleu pour le rejet. Le nom des votants, des membres absents excusés et de ceux n'ayant pas pris part au vote est proclamé par le Président et reproduit au procès-verbal.

Article 51. — Les nominations, soit en assemblée générale, soit dans les Commissions, ont lieu à la majorité absolue, par scrutin secret et séparé pour chacune des fonctions; elles se font au scrutin individuel lorsqu'il n'y a qu'une personne à élire, et au scrutin de liste, lorsqu'il y a plusieurs personnes à élire pour la même fonction.

Après deux tours de scrutin et en cas de ballottage, la majorité relative suffit.

S'il y a égalité de suffrages, le plus âgé est élu.

Article 52. — Le Conseil général ne peut délibérer que si la moitié plus un des membres dont il doit se composer sont présents, c'est-à-dire que la présence de 15 Conseillers est nécessaire pour la validité des votes.

Le bureau constate le nombre des membres présents; si le bureau n'est pas unanime, il est procédé à l'appel nominal.

Article 53. — Toutefois, si le Conseil général ne se réunit pas au jour fixé en vertu de la loi par le décret de convocation ou la convocation du Préfet (1) en nombre suffisant pour délibérer, la session sera renvoyée de plein droit au surlen-

(1) Décret du 5 novembre 1926.

demain, une convocation spéciale sera faite d'urgence par le Préfet. Les délibérations alors seront valables, quel que soit le nombre des membres présents. La durée légale de la session courra à partir du jour fixé pour la seconde réunion. Lorsqu'en cours de session les membres présents ne formeront pas la majorité du Conseil, les délibérations seront renvoyées au lendemain, et alors elles seront valables, quel que soit le nombre des votants.

Dans les deux cas, les noms des absents seront inscrits au procès-verbal.

Article 54. — Les décisions sont prises à la majorité absolue des votants.

En cas de partage, soit par mains levées ou par assis et levé, soit au scrutin public, si le Président prend part au vote, sa voix est prépondérante.

Article 55. — Si le Président ne vote pas et que les voix soient partagées, la proposition mise au voix n'est pas adoptée.

Article 56. — La question préalable, tendant à faire déclarer qu'il n'y a pas lieu à délibérer, peut toujours être proposée.

Tout membre du Conseil a le droit de combattre ou de soutenir la question préalable.

Article 57. — Les demandes de question préalable, d'ordre du jour, de priorité et de rappel au règlement ont toujours la préférence sur la question principale; elles en suspendent la discussion. Toutefois, elles ne peuvent se produire tant que l'orateur n'a pas achevé son discours.

Article 58. — Les contre-projets sont mis en délibération à l'occasion de la discussion générale de la proposition à laquelle ils se rapportent

Les amendements sont mis aux voix avant la question principale et doivent se greffer sur l'une de ses parties.

Article 59. — Dans toutes les questions, la division est de droit lorsqu'elle est demandée.

CHAPITRE VII.

Des séances.

Article 60. — L'ordre du jour de la séance, préparé par les Commissions et le bureau, est affiché à la porte de la salle du Conseil avant l'ouverture de la séance. Aucune affaire ne peut être délibérée, si elle n'est comprise sur l'ordre du jour affiché, sauf les cas prévus à l'article 37.

Article 61. — Le Président ouvre la séance ; un des Secrétaires donne lecture du procès-verbal de la séance précédente. Si une réclamation est soulevée, le Conseil statue immédiatement.

Article 62. — Le Président donne connaissance au Conseil des communications qui le concernent et propose l'ordre du jour.

Article 63. — Aucun membre du Conseil ne peut parler qu'après avoir demandé la parole au Président et l'avoir obtenue.

Article 64. — Les Secrétaires inscrivent les Conseillers qui demandent la parole.

Article 65. — Dans les discussions, les orateurs parlent alternativement pour ou contre.

Le Préfet, les Présidents des Commissions et les Rapporteurs chargés de soutenir la discussion des propositions ne sont point assujettis au tour d'inscription, et obtiennent la parole quand ils la réclament.

Un Conseiller peut toujours obtenir la parole après le Préfet.

Article 66. — La parole est accordée à tout Conseiller qui la demande pour un fait personnel, pour un rappel au règlement, en cas de demande d'ordre du jour ou de priorité.

Toutefois, nul orateur ne peut être interrompu tant qu'il n'a pas achevé son discours.

Article 67. — L'orateur doit se renfermer dans la question; s'il s'en écarte, le Président l'y rappelle.

Article 68. — Si l'orateur rappelé deux fois à la question dans le même discours continue à s'en écarter, le Président consulte le Conseil pour savoir si la parole ne sera pas interdite à l'orateur pendant le reste de la séance sur le même sujet.

La décision a lieu sans débats; en cas de doute, la parole n'est pas interdite à l'orateur.

Article 69. — Toute interruption, toute personnalité blessante, toute manifestation troublant l'ordre sont interdites.

Article 70. — Avant de prononcer la clôture de la discussion, le Président consulte le Conseil.

Si la parole est demandée contre la clôture, elle ne peut être accordée qu'à un seul orateur.

Article 71. — Si la séance du Conseil devient tumultueuse et si le Président ne peut rétablir l'ordre, il annonce qu'il va suspendre la séance.

Si le calme ne se rétablit pas, il suspend la séance. Il est juge du moment de la reprise; mais quand la séance est ouverte si le tumulte recommence, le Président lève la séance et la renvoie au lendemain.

Article 72. — Les peines disciplinaires applicables aux membres du Conseil général sont :

1° Le rappel à l'ordre ;

2° Le rappel à l'ordre avec inscription au procès-verbal.

Article 73. — Est rappelé à l'ordre tout orateur qui s'en écarte, tout membre qui trouble l'ordre par une des infractions au règlement prévues dans l'article 69 ou de toute autre manière.

ARTICLE 74. — Est rappelé à l'ordre avec inscription au procès-verbal tout Conseiller qui, dans la même séance, aura encouru un premier rappel à l'ordre.

ARTICLE 75. — Lorsqu'un membre a été rappelé deux fois à l'ordre sur le même sujet, le Conseil, consulté par le Président, peut lui interdire la parole pendant le reste de la séance.

La décision est prise par assis et levé, sans débats.

ARTICLE 76. — Si le membre rappelé à l'ordre ne se soumet pas à la décision du Conseil ou à l'autorité du Président, la séance est suspendue ou levée.

ARTICLE 77. — Le Conseil, sur la demande du Président, du Préfet ou de 5 membres, peut décider sans débats qu'il se formera en comité secret, conformément à l'article 28 de la loi du 10 août 1871.

Les noms des signataires de la demande sont insérés au procès-verbal.

ARTICLE 78. — Après la clôture des débats, le Président met aux voix les propositions ; il juge conjointement avec les Secrétaires les épreuves des votes et en proclame le résultat.

ARTICLE 79. — Le Président, avant de prononcer la clôture de la séance, consulte le Conseil sur le jour, l'heure et les objets de discussion de sa prochaine séance.

CHAPITRE VIII.

Compte rendu. — Police intérieure et extérieure. — Dispositions générales.

ARTICLE 80. — Les rapports du Préfet et les procès-verbaux des séances du Conseil sont rendus publics, par la voie de l'impression, et distribués aux membres du Conseil général, du Conseil d'arrondissement, et adressés à la Mairie de chaque chef-lieu de canton (1).

Article 81. — Le Président a seul la police de l'Assemblée. Il peut faire expulser de l'auditoire ou faire arrêter tout individu qui trouble l'ordre.

En cas de crime ou de délit, il en dresse procès-verbal et le Procureur de la République en est immédiatement saisi.

Article 82. — Nulle personne étrangère au Conseil, autre que le Préfet et les employés appelés à donner des renseignements ou à y faire un service autorisé, ne peut, sous aucun prétexte, s'introduire dans l'enceinte où siègent les membres du Conseil général.

Article 83. — Pendant tout le cours de la séance, les personnes placées dans l'auditoire se tiennent assises, découvertes et doivent garder le silence.

Article 84. — Toute personne qui donne des marques d'approbation ou d'improbation est sur-le-champ expulsée par les huissiers ou les agents chargés de maintenir l'ordre. En cas de tumulte persistant, l'évacuation peut être prononcée.

Dispositions spéciales.

Article 85. — **Députation. — Obsèques.** — En cas de décès d'un membre du Conseil, avis est donné d'urgence de l'heure des obsèques à tous les Conseillers généraux. Les Conseillers de l'arrondissement, ayant à leur tête un membre du bureau, forment la délégation officielle Une couronne est déposée sur le cercueil, au nom du Conseil général, par les soins du Secrétariat de l'Assemblée départementale.

---

(1) Délibération du Conseil général du 5 mai 1927.

Article 86. — **Insignes**. — Dans toutes les cérémonies publiques, les Conseillers généraux devront être revêtus de leurs insignes, dont le modèle est déterminé par la Commission départementale.

Article 87. — Le présent règlement ne pourra être modifié qu'autant que la proposition en sera faite par 8 membres au moins.

Cette proposition devra être soumise à l'examen d'une Commission spéciale.

LOI DU 10 AOUT 1871

sur les Conseils généraux, modifiée et complétée par diverses lois postérieures.

TITRE Ier.

Dispositions générales.

Article 1er. – Il y a dans chaque département un Conseil général.

Article 2. — Le Conseil général élit dans son sein une Commission départementale.

Article 3. — Le Préfet est le représentant du pouvoir exécutif dans le département (1).

Il y surveille l'exécution des lois et des décisions du Gouvernement. Les Chefs de service régionaux et départementaux sont tenus de lui fournir tous renseignements utiles à l'accomplissement de sa mission (Décret du 5 novembre 1926).

Il est, en outre, chargé de l'instruction préalable des affaires qui intéressent le département, ainsi que de l'exécution des décisions du Conseil général et de la Commission départementale, conformément aux dispositions de la présente loi.

TITRE II.

De la formation des Conseils généraux.

Article 4. — Chaque canton du département élit un membre du Conseil général.

Article 5. — L'élection se fait au suffrage universel, dans chaque commune, sur les listes dressées pour les élections municipales (1).

Article 6. — Sont éligibles au Conseil général tous les citoyens inscrits sur une liste d'électeurs ou justifiant qu'ils devaient y être inscrits avant le jour de l'élection, âgés de vingt-cinq ans accomplis, qui sont domiciliés dans le département, et ceux qui, sans y être domiciliés, y sont inscrits au rôle d'une des contributions directes au 1er janvier de l'année dans laquelle se fait l'élection, ou justifient qu'ils devaient y être inscrits à ce jour, ou ont hérité depuis la même époque d'une propriété foncière dans le département.

Toutefois, le nombre des Conseillers généraux non domiciliés ne

---

(1) Voir l'article 14 de la loi du 5 avril 1884.

pourra dépasser le quart du nombre total dont le Conseil doit être composé (1).

Article 7. — Ne peuvent être élus au Conseil général les citoyens qui sont pourvus d'un conseil judiciaire.

Article 8. Ne peuvent être élus membres du Conseil général :

1° Les préfets, sous-préfets, secrétaires généraux et conseillers de préfecture, dans le département où ils exercent leurs fonctions ;

2° Les procureurs généraux, avocats généraux et substituts du procureur général près les cours d'appel, dans l'étendue du ressort de la cour (2).

3° Les présidents, vice-présidents, juges titulaires, juges d'instruction et membres du parquet des tribunaux de première instance, dans l'arrondissement du tribunal ;

4° Les juges de paix, dans leurs cantons ;

5° Les généraux commandant les divisions ou les subdivisions territoriales, dans l'étendue de leurs commandements (3) ;

6° Les préfets maritimes, majors généraux de la marine et commissaires de l'inscription maritime, dans les départements où ils résident (3).

7° Les commissaires et agents de police, dans les cantons de leur ressort ;

8° Les ingénieurs en chef du département et les ingénieurs ordinaires d'arrondissement, dans le département où ils exercent leurs fonctions ;

9° Les ingénieurs du service ordinaire des mines, dans les cantons de leur ressort ;

10° Les recteurs d'académie, dans le ressort de l'académie ;

11° Les inspecteurs d'académie et les inspecteurs des écoles primaires, dans le département où ils exercent leurs fonctions ;

---

(1) Ce paragraphe est complété ainsi qu'il suit par la loi du 31 juillet 1875 : « Lorsque le nombre des Conseillers non domiciliés dans le département dépasse le quart du Conseil, le Conseil général détermine en séance publique et par la voie du sort celui ou ceux dont l'élection doit être annulée. Si une question préjudicielle s'élève sur le domicile, le Conseil général sursoit et le tirage au sort est fait par la Commission départementale pendant l'intervalle des sessions ».

(2) Ce paragraphe est ainsi modifié par la loi du 23 juillet 1891 : « Les premiers présidents, présidents de chambre, conseillers à la cour d'appel, procureurs généraux, avocats généraux, etc.) ».

(3) Ces deux paragraphes 5 et 6 sont modifiés comme il suit par la loi du 23 juillet 1891 : « Les militaires des armées de terre et de mer en activité de service. Cette disposition n'est applicable ni à la réserve de l'armée active, ni à l'armée territoriale, ni aux officiers maintenus dans la première section du cadre de l'état-major général comme ayant commandé en chef devant l'ennemi ».

12° Les ministres des différents cultes, dans les cantons de leur ressort ;

13° Les agents et comptables de tout ordre employés à l'assiette, à la perception et au recouvrement des contributions directes ou indirectes, et au paiement des dépenses publiques de toute nature, dans le département où ils exercent leurs fonctions ;

14° Les directeurs et inspecteurs des postes, des télégraphes et des manufactures de tabac, dans le département où ils exercent leurs fonctions ;

15° Les conservateurs, inspecteurs et autres agents des eaux et forêts, dans les cantons de leur ressort :

16° Les vérificateurs des poids et mesures, dans les cantons de leur ressort (1).

Article 9. — Le mandat de Conseiller général est incompatible, dans toute la France, avec les fonctions énumérées aux numéros 1 et 7 de l'article 8.

Article 10. — Le mandat de Conseiller général est incompatible, dans le département, avec les fonctions d'architecte départemental, d'agent voyer, d'employé des bureaux de la préfecture ou d'une sous-préfecture, et généralement de tous les agents salariés ou subventionnés sur les fonds départementaux (2).

La même incompatibilité existe à l'égard des entrepreneurs des services départementaux.

Article 11. — Nul ne peut être membre de plusieurs Conseils généraux (3).

Article 12. — Les collèges électoraux sont convoqués par le Pouvoir exécutif.

Il doit y avoir un intervalle de quinze jours francs, au moins,

---

(1) L'article 8 de la loi du 10 août 1871 est complété par les dispositions suivantes :

« 1° Par application des articles 34 et 91 combinés, les Conseillers condamnés pour avoir délibéré dans une conférence interdépartementale illégale et dissoute par le Préfet sont déclarés, par le jugement, exclus du Conseil général et inéligibles pendant les trois années qui suivront la condamnation. »

2° L'article 3 de la loi du 7 juin 1873 stipule que le Conseiller général déclaré démissionnaire pour avoir, sans excuse valable, refusé de remplir une fonction qui lui était dévolue par la loi, ne peut être réélu avant le délai d'un an.

3° L'article 4 de la loi du 22 juin 1886 déclare inéligibles les membres des familles ayant régné en France.

4° Voir encore les articles 15, 16 et 27 du décret du 2 février 1852.

(2) L'article 34 de la loi du 15 juillet 1893 décide que les médecins du service de l'assistance médicale gratuite sont éligibles au Conseil général.

(3) Voir l'article 17 relatif à l'option.

entre la date du décret de convocation et le jour de l'élection, qui sera toujours un dimanche. Le scrutin est ouvert à sept heures du matin et clos le même jour à six heures. Le dépouillement a lieu immédiatement.

Lorsqu'un second tour de scrutin est nécessaire, il y est procédé le dimanche suivant.

Article 13. — Immédiatement après le dépouillement du scrutin, les procès-verbaux de chaque commune, arrêtés et signés, sont portés au chef-lieu du canton par deux membres du bureau. Le recensement général des votes est fait par le bureau du chef-lieu, et le résultat est proclamé par son Président, qui adresse tous les procès-verbaux et les pièces au Préfet.

Article 14. — Nul n'est élu membre du Conseil général au premier tour de scrutin, s'il n'a réuni :

1° La majorité absolue des suffrages exprimés ;

2° Un nombre de suffrages égal au quart de celui des électeurs inscrits.

Au second tour de scrutin, l'élection a lieu à la majorité relative, quel que soit le nombre des votants. Si plusieurs candidats obtiennent le même nombre de suffrages, l'élection est acquise au plus âgé.

Article 15. — Les élections peuvent être arguées de nullité par tout électeur du canton (1).

Si la réclamation n'a pas été consignée au procès-verbal, elle doit être déposée au secrétariat général de la préfecture. Il en est donné récépissé.

Article 16. — Le Conseil général vérifie les pouvoirs de ses membres. Il n'y a pas de recours contre ses décisions (1).

Article 17. — Le Conseiller général élu dans plusieurs cantons est tenu de déclarer son option au Président du Conseil général dans les trois jours qui suivront la vérification de ses pouvoirs. A défaut d'option dans ce délai, le Conseil général détermine, en séance publique et par la voie du sort, à quel canton le Conseiller appartiendra (1).

---

(1) Les articles 15, 16 et 17 de la loi du 10 août 1871 sont modifiés ainsi qu'il suit par la loi du 31 juillet 1875 :

« Article 15. — Les élections pourront être arguées de nullité par tout électeur du canton, par les candidats et par les membres du Conseil général. Si la réclamation n'a pas été consignée dans le procès-verbal, elle doit être déposée, dans les dix jours qui suivent l'élection, soit au secrétariat de la section du contentieux du Conseil d'État, soit au secrétariat général de la préfecture du département où l'élection a eu lieu. Il en sera donné récépissé.

« La réclamation sera, dans tous les cas, notifiée à la partie intéressée dans le délai d'un mois, à compter du jour de l'élection. Le Préfet transmettra au Conseil d'État, dans les dix jours qui suivront leur réception, les récla-

Lorsque le nombre des conseillers non domiciliés dans le dépar-

---

mations consignées au procès-verbal, ou déposées au secrétariat général de la préfecture. Le Préfet aura, pour réclamer contre les élections, un délai de vingt jours, à partir du jour où il aura reçu les procès-verbaux des opérations électorales. Il enverra sa réclamation au Conseil d'État; elle ne pourra être fondée que sur l'inobservation des conditions et formalités prescrites par les lois. »

« ARTICLE 16. — Les réclamations seront examinées au Conseil d'État suivant les formes adoptées pour le jugement des affaires contentieuses. Elles seront jugées sans frais, dispensées du timbre et du ministère des avocats au Conseil d'État; elles seront jugées dans le délai de trois mois, à partir de l'arrivée des pièces au secrétariat du Conseil d'État.

« Lorsqu'il y aura lieu à renvoi devant les tribunaux, le délai de trois mois ne courra que du jour où la décision judiciaire sera devenue définitive. Le débat ne pourra porter que sur les griefs relevés dans les réclamations, à l'exception des moyens d'ordre public, qui pourront être produits en tout état de cause.

« Lorsque la réclamation est fondée sur l'incapacité légale de l'élu, le Conseil d'État sursoit à statuer jusqu'à ce que la question préjudicielle ait été jugée par les tribunaux compétents, et fixe un bref délai dans lequel la partie qui aura élevé la question préjudicielle doit justifier de ses diligences.

« S'il y a appel, l'acte d'appel doit, sous peine de nullité, être notifié à la partie dans les dix jours du jugement, quelle que soit la distance des lieux. Les questions préjudicielles seront jugées sommairement par les tribunaux et conformément au paragraphe 4 de l'article 33 de la loi du 19 avril 1831. »

« ARTICLE 17. — Le Conseiller général élu dans plusieurs cantons est tenu de déclarer son option au Président du Conseil général dans les trois jours qui suivront l'ouverture de la session, et, en cas de contestation, à partir de la notification de la décision du Conseil d'État. A défaut d'option dans ce délai, le Conseil général déterminera, en séance publique et par la voie du sort, à quel canton le Conseiller appartiendra.

« Lorsque le nombre des Conseillers non domiciliés dans le département dépasse le quart du Conseil, le Conseil général procède de la même façon pour désigner celui ou ceux dont l'élection doit être annulée. Si une question préjudicielle s'élève sur le domicile, le Conseil général sursoit et le tirage au sort est fait par la Commission départementale pendant l'intervalle des sessions.

« Pour les élections qui ont eu lieu avant la présente loi, les réclamations pourront être faites par les électeurs du canton, les candidats, les membres du Conseil général et le Préfet, dans les vingt jours à partir de la promulgation.

« Les Conseils généraux sont dessaisis des réclamations qui ont été portées devant eux dans les sessions précédentes. Les ayants droit pourront se pourvoir au Conseil d'État, dans les délais de l'article précédent.

« Par dérogation à l'article 23 de la loi du 10 août 1871, la session ordinaire, qui doit suivre le 15 août, commencera, de plein droit, dans le département de la Corse le deuxième lundi de septembre. »

tement dépasse le quart du Conseil, le Conseil général procède de la même façon pour désigner celui ou ceux dont l'élection doit être annulée (1).

Article 18. — Tout Conseiller général qui, par une cause survenue postérieurement à son élection, se trouve dans un des cas prévus par les articles 7, 8, 9 et 10, ou se trouve frappé de l'une des incapacités qui font perdre la qualité d'électeur, est déclaré démissionnaire par le Conseil général, soit d'office, soit sur les réclamations de tout électeur (2).

Article 19. — Lorsqu'un Conseiller général aura manqué à une session ordinaire sans excuse légitime admise par le Conseil, il sera déclaré démissionnaire par le Conseil général, dans la dernière séance de la session.

Article 20. — Lorsqu'un Conseiller général donne sa démission, il l'adresse au Président du Conseil général ou au Président de la Commission départementale, qui en donne immédiatement avis au Préfet.

Article 21. — Les Conseillers généraux sont nommés pour six ans; ils sont renouvelés par moitié tous les trois ans, et indéfiniment rééligibles. En cas de renouvellement intégral, à la session qui suit ce renouvellement, le Conseil général divise les cantons du département en deux séries, en répartissant, autant que possible dans une proportion égale, les cantons de chaque arrondissement dans chacune des séries, et il procède ensuite à un tirage au sort pour régler l'ordre de renouvellement des séries.

Article 22. — En cas de vacance par décès, option, démission, par une des causes énumérées aux articles 17, 18 et 19, ou par toute autre cause, les électeurs devront être réunis dans un délai de trois mois.

Toutefois, si le renouvellement légal de la série à laquelle appartient le siège vacant doit avoir lieu avant la prochaine session ordinaire du Conseil général, l'élection partielle se fera à la même époque.

La Commission départementale est chargée de veiller à l'exécution du présent article, Elle adresse ses réquisitions au Préfet et, s'il y a lieu, au Ministre de l'Intérieur.

---

(1) L'article 17 de la loi du 10 août 1871 sur les Conseils généraux est complété par la disposition suivante :

« § 2. — En cas de division d'un canton en plusieurs circonscriptions électorales, le Conseiller général représentant le canton divisé aura le droit d'opter pour l'une des nouvelles circonscriptions créées à l'intérieur de l'ancien canton dans les dix jours qui suivront la promulgation de la loi. »

(2) Voir la loi du 7 juin 1873 relative aux Conseillers qui refuseraient de remplir une fonction qui leur est dévolue par la loi.

TITRE III

Des sessions des Conseils généraux.

Article 23. — Les Conseils généraux ont chaque année deux sessions ordinaires.

La première session s'ouvre entre le 15 avril et le 15 mai au jour fixé par le Conseil général dans sa deuxième session de l'année précédente. Elle a une durée maximum de quinze jours et doit être close au plus tard le 20 mai.

La deuxième session s'ouvre entre le 15 août et le 1er octobre au jour fixé par le Conseil général dans sa première session. Elle a une durée maximum d'un mois et doit être close au plus tard le 8 octobre.

Au cas où le Conseil général ne prendrait pas de décision à cet égard, la date d'ouverture de chacune des deux sessions sera fixée par la Commission départementale qui en donnera avis au Préfet.

Si le Conseil général ou la Commission départementale n'ont pas pris de décision, l'ouverture de la première session aura lieu, de plein droit, l'avant-dernier lundi du mois d'avril; l'ouverture de la deuxième session aura lieu, de plein droit, le premier lundi qui suit le 15 août.

Au cas où l'avant-dernier lundi du mois d'avril serait un jour férié, l'ouverture de la première session sera reportée au lendemain (Loi du 23 juillet 1927).

Article 24. — Les Conseils généraux peuvent *en outre* être réunis :

1° Par décret;

2° *Par le Préfet* (1);

3° Si les deux tiers de ses membres en adressent la demande écrite au président ;

4° *Sur la demande de la Commission départementale* (1).

Dans ces deux derniers cas, le Président du Conseil général ou le Président de la Commission départementale en donnent avis immédiatement au Préfet, qui devra convoquer d'urgence.

La durée de ces sessions ne pourra excéder *quinze* jours (2).

---

(1) Décret du 5 novembre 1926.

(2) Ci-après *la loi du 15 février 1872, relative au rôle éventuel des Conseils généraux dans des circonstances exceptionnelles, dite loi Tréveneuc*, qui autorise les Conseils généraux à se réunir d'office :

« Article 1er. — Si l'Assemblée nationale ou celles qui lui succéderont viennent à être illégalement dissoutes ou empêchées de se réunir, les Conseils généraux s'assemblent immédiatement de plein droit, et sans qu'il soit besoin de convocation spéciale, au chef-lieu de chaque département. Ils peuvent s'assembler partout ailleurs dans le département, si le lieu habituel de leurs séances ne leur paraît pas offrir de garanties suffisantes pour la liberté de leurs délibérations.

Article 25. — A l'ouverture de la session d'août, le Conseil général, réuni sous la présidence du doyen d'âge, le plus jeune membre faisant fonction de Secrétaire, nomme au scrutin secret et à la majorité absolue son Président, un ou plusieurs Vice-Présidents et ses Secrétaires.

Leurs fonctions durent jusqu'à la session d'août de l'année suivante.

Article 26. — Le Conseil général fait son règlement intérieur.

Article 27. — Le Préfet a entrée au Conseil général ; il est entendu quand il le demande et assiste aux délibérations, excepté lorsqu'il s'agit de l'apurement de ses comptes.

Article 28. — Les séances des Conseils généraux sont publiques.

Néanmoins, sur la demande de cinq membres, du Président ou du Préfet, le Conseil général, par assis et levé, sans débats, décide s'il se formera en comité secret.

Article 29. — Le Président a seul la police de l'assemblée.

Il peut faire expulser de l'auditoire ou arrêter tout individu qui trouble l'ordre.

En cas de crime ou de délit, il en dresse procès-verbal et le procureur de la République en est immédiatement saisi.

« Les Conseils ne sont valablement constitués que par la présence de la majorité de leurs membres. »

« Article 2. — Jusqu'au jour où l'assemblée dont il sera parlé à l'article 3 aura fait connaître qu'elle est régulièrement constituée, le Conseil pourvoira d'urgence au maintien de la tranquillité publique et de l'ordre légal. »

« Article 3. — Une assemblée composée de deux délégués élus par chaque Conseil général, en comité secret, se réunit dans le lieu où se seront rendus les membres du Gouvernement légal et les députés qui auront pu se soustraire à la violence. L'assemblée des délégués n'est valablement constituée qu'autant que la moitié des départements, au moins, s'y trouve représentée. »

« Article 4. — Cette assemblée est chargée de prendre, pour toute la France, les mesures urgentes que nécessite le maintien de l'ordre et spécialement celles qui ont pour objet de rendre à l'Assemblée nationale la plénitude de son indépendance et l'exercice de ses droits. Elle pourvoit provisoirement à l'administration générale du pays. »

« Article 5. — Elle doit se dissoudre aussitôt que l'Assemblée nationale se sera reconstituée par la réunion de la majorité de ses membres sur un point quelconque du territoire.

« Si cette reconstitution ne peut se réaliser dans le mois qui suit les événements, l'assemblée des délégués doit décréter un appel à la nation pour des élections générales.

« Ses pouvoirs cessent le jour où la nouvelle Assemblée nationale est constituée. »

« Article 6. — Les décisions de l'assemblée des délégués doivent être exécutées, sous peine de forfaiture, par tous les fonctionnaires, agents de l'autorité et commandants de la force publique. »

Article 30. — Le Conseil général ne peut délibérer si la moitié plus un des membres dont il doit être composé n'est présente.

Toutefois si le Conseil général ne se réunit pas au jour fixé par la loi, par le décret de convocation, ou la convocation du Préfet, en nombre suffisant pour délibérer, la session sera renvoyée de plein droit au surlendemain ; une convocation spéciale sera faite d'urgence par le Préfet. Les délibérations alors seront valables quel que soit le nombre des membres présents. La durée légale de la session courra à partir du jour fixé pour la seconde réunion.

Lorsqu'en cours de session les membres présents ne formeront pas la majorité du Conseil. les délibérations, seront renvoyées au lendemain et alors elles seront valables quel que soit le nombre des votants. (Décret du 5 novembre 1926).

Dans les deux cas les noms des absents seront inscrits au procès-verbal. Le résultat des scrutins publics énonçant les noms des votants est reproduit au procès-verbal.

Article 31. — Les Conseils généraux devront établir jour par jour un compte rendu sommaire et officiel de leurs séances, qui sera tenu à la disposition de tous les journaux du département, dans les quarante-huit heures qui suivront la séance.

Les journaux ne pourront apprécier une discussion du Conseil général sans reproduire en même temps la portion du compte rendu afférente à cette discussion (1).

Toute contravention à cette disposition sera punie d'une amende de 50 à 500 francs (1).

Article 32. — Les procès-verbaux des séances, rédigés par un des Secrétaires, sont arrêtés au commencement de chaque séance et signés par le Président et le Secrétaire.

Ils contiennent les rapports, les noms des membres qui ont pris part à la discussion et l'analyse de leurs opinions.

Tout électeur ou contribuable du département a le droit de demander la communication sans déplacement et de prendre copie de toutes les délibérations du Conseil général, ainsi que des procès-verbaux des séances publiques, et de les reproduire par la voie de la presse.

Article 33. — Tout acte et toute délibération d'un Conseil général relatifs à des objets qui ne sont pas légalement compris dans ses attributions sont nuls et de nul effet.

La nullité est prononcée par un décret rendu dans la forme des règlements d'administration publique.

Article 34. — Toute délibération prise hors des réunions du Conseil prévues ou autorisées par la loi est nul et de nul effet.

---

(1) Les §§ 2 et 3 de l'article 31 sont abrogés par l'article 68 de la loi sur la presse du 29 juillet 1881.

Le Préfet, par un arrêté motivé, déclare la réunion illégale, prononce la nullité des actes, prend toutes les mesures nécessaires pour que l'Assemblée se sépare immédiatement et transmet son arrêté au procureur général du ressort pour l'exécution des lois et l'application, s'il y a lieu, des peines déterminées par l'article 258 du Code pénal. En cas de condamnation, les membres condamnés sont déclarés, par le jugement, exclus du Conseil et inéligibles pendant les trois années qui suivront la condamnation.

Article 35. — Pendant les sessions de l'Assemblée nationale, la dissolution d'un Conseil général ne peut être prononcée par le Chef du Pouvoir exécutif que sous l'obligation expresse d'en rendre compte à l'Assemblée dans le plus bref délai possible. En ce cas, une loi fixe la date de la nouvelle élection et décide si la Commission départementale doit conserver son mandat jusqu'à la réunion du nouveau Conseil général, ou autorise le Pouvoir exécutif à en nommer provisoirement une autre.

Article 36. — Dans l'intervalle des sessions de l'Assemblée nationale, le Chef du Pouvoir exécutif peut prononcer la dissolution d'un Conseil général pour des causes spéciales à ce Conseil.

Le décret de dissolution doit être motivé.

Il ne peut jamais être rendu par voie de mesure générale. Il convoque en même temps les électeurs du département pour le quatrième dimanche qui suivra sa date. Le nouveau Conseil général se réunit de plein droit le deuxième lundi après l'élection et nomme sa Commission départementale.

TITRE IV.

Des attributions des Conseils généraux.

Article 37. — Le Conseil général répartit chaque année, à sa session d'août, les contributions directes, conformément aux règles établies par les lois.

Avant d'effectuer cette répartition, il statue sur les demandes délibérées par les Conseils compétents en réduction de contingent.

Article 38. — Le Conseil général prononce définitivement sur les demandes en réduction de contingent formées par les communes et préalablement soumises au Conseil compétent.

Article 39. — Si le Conseil général ne se réunissait pas, ou s'il se séparait sans avoir arrêté la répartition des contributions directes, les mandements des contingents seront délivrés par le Préfet d'après les bases de la répartition précédente, sauf les modifications à porter dans le contingent en exécution des lois.

Article 40. — Le Conseil général vote les centimes additionnels dont la perception est autorisée par les lois.

Il peut voter des centimes extraordinaires dans la limite du maximum fixé annuellement par la loi de finances.

Il peut voter également les emprunts départementaux, remboursables, dans un délai qui ne pourra excéder quinze années, sur les ressources ordinaires et extraordinaires (1).

ARTICLE 41. — Dans le cas où le Conseil général voterait une contribution extraordinaire ou un emprunt au delà des limites déterminées dans l'article précédent, cette contribution ou cet emprunt ne pourrait être autorisé que par une loi (1).

ARTICLE 42. Le Conseil général arrête chaque année, à sa session d'août, dans les limites fixées annuellement par la loi de finances, le maximum du nombre de centimes extraordinaires que les Conseils municipaux sont autorisés à voter, pour en affecter le produit à des dépenses extraordinaires d'utilité communale.

Si le Conseil général se sépare sans l'avoir arrêté, le maximum fixé pour l'année précédente est maintenu jusqu'à la session d'août de l'année suivante.

ARTICLE 43. — Chaque année, dans sa session d'août, le Conseil général, par un travail d'ensemble comprenant toutes les communes du département, procède à la revision des sections électorales et en dresse le tableau (2).

ARTICLE 44. — Le Conseil général opère la reconnaissance, détermine la largeur et prescrit l'ouverture et le redressement des chemins vicinaux de grande communication et d'intérêt commun.

Les délibérations qu'il prend à cet égard produisent les effets spécifiés aux articles 15 et 16 de la loi du 21 mai 1836.

ARTICLE 45. — Le Conseil général, sur l'avis motivé du directeur et de la Commission de surveillance, pour les écoles normales, du proviseur ou du principal et du bureau d'administration. pour

---

(1) Les articles 40 et 41 de la loi du 10 août 1871 sont modifiés ainsi qu'il suit par la loi du 12 juillet 1898 :

« ARTICLE 40. — Le Conseil général vote les centimes additionnels dont la perception est autorisée par les lois.

« Il peut voter des centimes extraordinaires dans la limite du maximum fixé annuellement par la loi de finances.

« Il peut voter également les emprunts départementaux, remboursables, dans un délai qui ne pourra excéder trente années, sur les ressources ordinaires et extraordinaires. »

« ARTICLE 41. — Dans le cas où le Conseil général voterait une contribution extraordinaire ou un emprunt au delà des limites déterminées dans l'article précédent, cette contribution ou cet emprunt ne pourrait être autorisé que par une loi, après avis du Conseil d'État. »

(2) Voir les articles 11 et 12 de la loi du 5 avril 1884, mentionnant les conditions dans lesquelles une commune peut être divisée en sections électorales.

les lycées ou collèges, du chef d'institution, pour les institutions d'enseignement libre, nomme et révoque les titulaires des bourses entretenues sur les fonds départementaux (1).

L'autorité universitaire, ou le chef d'institution libre, peut prononcer la révocation dans le cas d'urgence ; ils en donnent avis immédiatement au Président de la Commission départementale et en font connaître les motifs.

Le Conseil général détermine les conditions auxquelles seront tenus de satisfaire les candidats aux fonctions rétribuées exclusivement sur les fonds départementaux et les règles des concours d'après lesquels les nominations devront être faites. Sont maintenus, néanmoins, les droits des archivistes paléographes, tels qu'ils sont réglés par le décret du 4 février 1850.

Article 46. — Le Conseil général statue définitivement sur les objets ci-après désignés, savoir :

1° Acquisition, aliénation et échange des propriétés départementales, mobilières ou immobilières (2).

2° Mode de gestion des propriétés départementales ;

3° Baux de biens donnés ou pris à ferme ou à loyer, quelle qu'en soit la durée ;

4° Changement de destination des propriétés et des édifices départementaux (2).

5° Acceptation des dons et legs faits au département, *sauf si le Conseil général décide de transiger avec les héritiers de l'auteur de la libéralité, et refus de ces libéralités dans tous les cas* (Décret du 5 novembre 1926).

6° Classement et direction des routes départementales (3) ;

Projets, plans et devis des travaux à exécuter pour la construction, la rectification ou l'entretien desdites routes ;

Désignation des services qui seront chargés de leur construction et de leur entretien ;

7° Classement et direction des chemins vicinaux de grande communication et d'intérêt commun ; désignation des communes qui doivent concourir à la construction et à l'entretien desdits chemins et fixation du contingent annuel de chaque commune ; le tout sur l'avis des Conseils compétents (4) ;

Répartition des subventions accordées, sur les fonds de l'Etat ou du département, aux chemins vicinaux de toute catégorie (5) ;

---

(1) La loi du 11 mars 1880 complète cet article en autorisant les Conseils généraux à entretenir, sur les ressources du département, des boursiers dans les écoles primaires supérieures et les écoles nationales professionnelles.

(2) Les §§ 1 et 4 ont été modifiés par le décret du 5 novembre 1926.

(3) Voir les lois du 20 mars 1835 et du 21 mars 1836.

(4) Voir la loi du 21 mars 1836.

(5) Voir la loi du 12 mars 1880.

Désignation des services auxquels sera confiée l'exécution de travaux sur les chemins vicinaux de grande communication et d'intérêt commun, et mode d'exécution des travaux à la charge du département;

Taux de la conversion en argent des journées de prestations (1);

8° Déclassement des routes départementales, des chemins vicinaux de grande communication et d'intérêt commun (1);

9° Projets, plans et devis de tous autres travaux à exécuter sur les fonds départementaux et désignation des services auxquels ces travaux seront confiés;

10° Offres faites par les communes, les associations ou les particuliers pour concourir à des dépenses quelconques d'intérêt départemental;

11° Concessions à des associations, à des compagnies ou à des particuliers de travaux d'intérêt départemental;

12° Direction des chemins de fer d'intérêt local, mode et conditions de leur construction, traités et dispositions nécessaires pour en assurer l'exploitation (2);

13° Etablissement et entretien des bacs et passages d'eau sur les routes et chemins à la charge du département; fixation des tarifs de péage (3);

14° Assurances des bâtiments départementaux;

15° Actions à intenter ou à soutenir au nom du département, sauf les cas d'urgence, dans lesquels la Commission départementale pourra statuer;

16° Transactions concernant les droits des départements;

17° Recettes de toute nature et dépenses des établissements d'aliénés appartenant au département; approbation des traités passés avec des établissements privés ou publics pour le traitement des aliénés du département;

18° Service des enfants assistés (4);

19° Part de la dépense des aliénés et des enfants assistés qui sera mise à la charge des communes, et bases de la répartition à faire entre elles (5);

---

(1) Voir les lois du 21 mars 1836 et du 20 août 1881.

(2) Voir les lois du 12 juillet 1865, du 11 juin 1880 et du 20 novembre 1883.

(3) La loi du 30 juillet 1880 interdit la construction des ponts à péage sur les routes nationales et départementales et règle les conditions de rachat de ces ponts.

(4) Voir les lois des 5 mai 1869, 23 décembre 1874 et 24 juillet 1889, réglementant le service des enfants assistés.

(5) Voir les lois du 30 juin 1838 et 18 juillet 1866, qui réglementent le service des aliénés.

20° Création d'institutions départementales d'assistance publique, et service de l'assistance publique dans les établissements départementaux (1);

21° Etablissement et organisation des caisses de retraites ou de tout autre mode de rémunération en faveur des employés des préfectures et des sous-préfectures et des agents salariés sur les fonds départementaux;

22° Part contributive du département aux dépenses des travaux qui intéressent à la fois le département et les communes;

23° Difficultés élevées relativement à la répartition de la dépense des travaux qui intéressent plusieurs communes du département (2);

24° Délibérations des Conseils municipaux ayant pour but l'établissement, la suppression ou les changements de foires et marchés (3);

25° Délibérations des Conseils municipaux ayant pour but la prorogation des taxes additionnelles d'octroi actuellement existantes, ou l'augmentation des taxes principales au delà d'un décime, le tout dans les limites du maximum des droits et de la nomenclature des objets fixés par le tarif général, établi conformément à la loi du 25 juillet 1867 (4);

26° Changements à la circonscription des communes d'un même canton et à la désignation de leurs chefs-lieux, lorsqu'il y a accord entre les Conseils municipaux;

27° Part contributive à imposer au département dans les travaux exécutés par l'Etat qui intéressent le département;

28° Sur tous les autres objets sur lesquels il est appelé à délibérer par les lois et règlements et généralement sur tous les objets d'intérêt départemental dont il est saisi, soit par une proposition du Préfet soit sur l'initiative d'un de ses membres ou de la Commission départementale (Décret du 5 novembre 1926).

ARTICLE 47. — *Les délibérations par lesquelles les Conseils généraux statuent définitivement sont exécutoires si, dans le délai de dix jours à dater de la fin de la session, le Préfet n'en a pas demandé*

---

(1) Voir la loi du 15 juillet 1893 en matière d'assistance médicale gratuite et la loi du 14 juillet 1905 sur l'assistance aux vieillards.

(2) Voir les articles 116, 117, 118, 162 et 163 de la loi du 5 avril 1884 et la loi du 12 mars 1890 sur la création des syndicats des communes.

(3) Voir la loi du 16 septembre 1879 et celle du 5 avril 1884, article 68, § 13.

(4) L'article 139 de la loi du 5 avril 1884 déclare que les délibérations prises par les Conseils municipaux prononçant la prorogation ou l'augmentation des taxes d'octroi pour une période de 5 ans au plus, sous la réserve toutefois qu'aucune des taxes ainsi maintenues ou modifiées n'excédera le maximum déterminé par le tarif général et ne portera que sur des objets compris dans ce tarif, sont exécutoires par elles-mêmes, et abroge ainsi le § 25 de l'article 46 de la loi du 10 août 1871.

l'annulation pour excès de pouvoir ou pour violation d'une disposition de la loi ou d'un règlement d'administration publique.

Le recours formé par le Préfet doit être notifié au Président du Conseil général et au Président de la Commission départementale. Si dans le délai de six semaines, à partir de la notification, l'annulation n'a pas été prononcée, la délibération est exécutoire (Décret du 5 novembre 1926).

Articles 48-49. — Abrogés (Décret du 5 novembre 1926).

Article 50. — Le Conseil général donne son avis :

1° Sur les changements proposés à la circonscription du territoire du département, des arrondissements, des cantons et des communes, et la désignation des chefs-lieux, sauf le cas où il statue définitivement, conformément à l'article 46, § 26;

2° Sur l'application des dispositions de l'article 90 du Code forestier, relatives à la soumission au régime forestier des bois, taillis ou futaies appartenant aux communes, et à la conversion en bois de terrains en pâturages ;

3° Sur les délibérations des Conseils municipaux relatives à l'aménagement, au mode d'exploitation, à l'aliénation et au défrichement des bois communaux ; et généralement sur tous les objets sur lesquels il est appelé à donner son avis en vertu des lois et règlements, ou sur lesquels il est consulté par les Ministres (1).

Article 51. — Le Conseil général peut adresser directement au Ministre compétent, par l'intermédiaire de son Président, les réclamations qu'il aurait à présenter dans l'intérêt spécial du département, ainsi que son opinion sur l'état et les besoins des différents services publics, en ce qui touche le département.

Il peut charger un ou plusieurs de ses membres de recueillir sur les lieux les renseignements qui lui sont nécessaires pour statuer sur les affaires qui sont placées dans ses attributions.

Tous vœux politiques lui sont interdits. Néanmoins, il peut émettre des vœux sur toutes les questions économiques et d'administration générale.

Article 52. — Les chefs de service des administrations publiques dans le département sont tenus de fournir verbalement ou par écrit tous les renseignements qui leur seraient réclamés par le Conseil général sur les questions qui intéressent le département.

Article 53. — Le Préfet accepte ou refuse les dons et legs faits au département, en vertu soit de la *délibération* du Conseil général, *quand celui-ci ne décide pas de transiger avec les héritiers de l'au-*

---

(1) De nombreux textes législatifs imposent à l'Administration de prendre l'avis de l'Assemblée départementale; dans tous les cas où il est formellement exigé, le défaut de consultation donnerait ouverture à un recours contentieux pour excès de pouvoir.

teur de la libéralité, soit du décret d'autorisation quand il y a transaction (Décret du 5 novembre 1926).

Le Préfet peut toujours, à titre conservatoire, accepter les dons et legs. La décision du Conseil général ou du Gouvernement, qui intervient ensuite, a effet du jour de cette acceptation.

Article 54. — Le Préfet intente les actions en vertu de la décision du Conseil général, et il peut, sur l'avis conforme de la Commission départementale, défendre à toute action intentée contre le département.

Il fait tous actes conservatoires et interruptifs de déchéance.

En cas de litige entre l'État et le département, l'action est intentée ou soutenue, au nom du département, par un membre de la Commission départementale désigné par elle.

Le Préfet, sur l'avis conforme de la Commission départementale, passe les contrats au nom du département.

Article 55. — Aucune action judiciaire, autre que les actions possessoires, ne peut, à peine de nullité, être intentée contre un département qu'autant que le demandeur a préalablement adressé au Préfet un mémoire exposant l'objet et les motifs de sa réclamation. Il lui en est donné récépissé.

L'action ne peut être portée devant les tribunaux que deux mois après la date du récépissé, sans préjudice des actes conservatoires.

La remise du mémoire interrompra la prescription, si elle est suivie d'une demande en justice dans le délai de trois mois.

Article 56. — A la session d'août, le Préfet rend compte au Conseil général, par un rapport spécial et détaillé, de la situation du département et de l'état des différents services publics.

A l'autre session ordinaire, il présente au Conseil général un rapport sur les affaires qui doivent lui être soumises pendant cette session. Ces rapports sont imprimés et distribués à tous les membres du Conseil général huit jours au moins avant l'ouverture de la session.

TITRE V.

Du budget et des comptes du département (1).

Article 57. — Le projet de budget du département est préparé et présenté par le Préfet, qui est tenu de le communiquer à la Commission départementale, avec les pièces à l'appui, dix jours au moins avant l'ouverture de la session d'août.

Le budget *est voté* par le Conseil général, *et sa délibération est exécutoire dans les conditions prévues par l'article 47 de la présente*

---

(1) Voir décret sur la comptabilité publique du 12 juillet 1893, modifié par le décret du 20 janvier 1900.

loi. Toutefois si une des recettes ordinaires ou extraordinaires prévues exige une approbation de l'autorité supérieure le budget est définitivement réglé par décret (Décret du 5 novembre 1926).

Il se divise en budget ordinaire et budget extraordinaire.

Article 58. — Les recettes du budget ordinaire se composent :

1° Du produit des centimes ordinaires additionnels, dont le nombre est fixé annuellement par la loi de finances;

2° Du produit des centimes autorisés pour les dépenses des chemins vicinaux et de l'instruction primaire par les lois des 21 mai 1836, 15 mars 1850 et 10 avril 1867, dont l'affectation spéciale est maintenue;

3° Du produit des centimes spéciaux affectés à la confection du cadastre par la loi du 2 août 1829;

4° Du revenu et du produit des propriétés départementales;

5° Du produit des expéditions d'anciennes pièces ou d'actes de la préfecture déposés aux archives;

6° Du produit des droits de péage des bacs et passages d'eau sur les routes et chemins à la charge du département, des autres droits de péage et de tous autres droits concédés au département par les lois;

7° De la part allouée au département sur le fonds inscrit annuellement au budget du Ministère de l'Intérieur et réparti, conformément à un tableau annexé à la loi de finances, entre les départements qui, en raison de leur situation financière, doivent recevoir une allocation sur les fonds généraux du budget (1);

8° Des contingents de l'État et des communes pour le service des aliénés et des enfants assistés, et de toute autre subvention applicable au budget ordinaire (1);

9° Du contingent des communes et autres ressources éventuelles pour le service vicinal et pour les chemins de fer d'intérêt local (1);

Article 59. — Les recettes du budget extraordinaire se composent :

1° Du produit des centimes extraordinaires votés annuellement par le Conseil général, dans les limites déterminées par la loi de finances, ou autorisés par des lois spéciales;

2° Du produit des emprunts;

3° Des dons et legs;

4° Du produit des biens aliénés;

5° Du remboursement des capitaux exigibles et des rentes rachetées;

6° De toutes autres recettes accidentelles.

---

(1) Les allocations, subventions et contingents divers, soit de l'État, soit des communes, sont réglés spécialement pour chaque service. (Voir les recettes par article de budget à la suite du décret du 12 juillet 1893 sur la comptabilité publique.)

Sont comprises définitivement parmi les propriétés départementales les anciennes routes impériales de troisième classe, dont l'entretien a été mis à la charge des départements par le décret du 16 décembre 1811 ou postérieurement.

ARTICLE 60. — Le budget ordinaire comprend les dépenses suivantes :

1° Loyer, mobilier et entretien des hôtels de préfecture et de sous-préfecture, du local nécessaire à la réunion du Conseil départemental de l'instruction publique et du bureau de l'inspecteur d'académie;

2° Casernement ordinaire des brigades de gendarmerie;

3° Loyer, entretien, mobilier et menues dépenses des cour d'assises, tribunaux civils et tribunaux de commerce, et menues dépenses des justices de paix ;

4° Frais d'impression et de publication des listes pour les élections consulaires, frais d'impression des cadres pour la formation des listes électorales et des listes du jury;

5° Dépenses ordinaires d'utilité départementale;

6° Dépenses imputées sur les centimes spéciaux établis en vertu des lois des 2 août 1829, 21 mai 1836, 15 mars 1850 et 10 avril 1867 (1).

(1. Par suite de l'application de diverses lois nouvelles, la nomenclature des dépenses obligatoires comprend encore :

1° Frais de bureau de l'inspecteur d'académie (Loi du 19 juillet 1889);

2° Imprimés à l'usage des délégations cantonales et de l'administration académique (Loi du 19 juillet 1889);

3° Indemnités aux inspecteurs primaires, prévues par les articles 3 et 23 de la loi du 19 juillet 1889;

4° Construction et installation des écoles normales primaires d'instituteurs et d'institutrices (Loi du 9 août 1879);

5° Entretien et, s'il y a lieu, loyer des bâtiments des écoles normales d'instituteurs et d'institutrices (Lois des 9 août 1879 et 19 juillet 1889);

6° Entretien et renouvellement du mobilier et du matériel d'enseignement des mêmes écoles (Loi du 19 juillet 1889);

7° Allocation aux chefs d'ateliers, contremaîtres et ouvriers chargés par le département de l'enseignement agricole, commercial ou industriel dans les écoles primaires de tout ordre et les écoles manuelles d'apprentissage régies par la loi du 11 décembre 1880 (Loi du 19 juillet 1889);

8° Traitement et frais de tournées des inspectrices départementales des écoles maternelles, jusqu'à concurrence de la moitié de la dépense (Loi du 8 août 1885, art. 21);

9° Les charges résultant pour le département des articles 1, 3, 4, 6 et 7 de la loi du 4 février 1893, relative à la réforme des prisons pour courtes peines;

10° Les frais du service départemental des épizooties (Loi du 21 juillet 1881);

11° Les dépenses des comités de conciliation et d'arbitrage, en cas de différends collectifs entre patrons et ouvriers ou employés (Loi du 27 décembre 1892).

Néanmoins, les départements qui, pour assurer le service des chemins vicinaux et de l'instruction primaire, n'auront pas besoin de faire emploi de la totalité des centimes spéciaux, pourront en appliquer le surplus aux autres dépenses de leur budget ordinaire. L'affectation de l'excédent du produit des trois centimes spéciaux de l'instruction primaire à des dépenses étrangères à ce service ne pourra avoir lieu qu'à l'une des sessions de l'année suivante et lorsque cet excédent aura été constaté en fin d'exercice.

Les départements qui seraient en situation d'user de la faculté autorisée par le paragraphe précédent, et qui n'en feraient pas usage, ne pourront recevoir aucune allocation sur le fonds mentionné au numéro 7 de l'article 58.

Article 61. — Si un Conseil général omet d'inscrire au budget un crédit suffisant pour l'acquittement des dépenses énoncées aux numéros 1, 2, 3 et 4 de l'article précédent, ou pour l'acquittement de dettes exigibles, il y est pourvu au moyen d'une contribution spéciale portant sur les quatre contributions directes, et établie par un décret, si elle est dans les limites du maximum fixé annuellement par la loi de finances, ou par une loi, si elle doit excéder ce maximum.

Le décret est rendu dans la forme des règlements d'administration publique et inséré au *Bulletin des lois*.

Aucune autre dépense ne peut être inscrite d'office dans le budget ordinaire, et les allocations qui y sont portées par le Conseil général ne peuvent être ni changées ni modifiées par le décret qui règle le budget (1).

---

(1) La loi du 29 juin 1899 modifie ainsi qu'il suit l'article 61 de la loi du 10 août 1871.

« Article 61. — Si un Conseil général omet ou refuse d'inscrire au budget un crédit suffisant pour l'acquittement des dépenses énoncées aux numéros 1, 2, 3 et 4 de l'article 60, à l'article 2 de la loi du 9 août 1879 sur les écoles normales primaires, à l'article 38 de la loi du 21 juillet 1881 sur la police sanitaire des animaux, à l'article 25 de la loi du 8 août 1885 relatif à l'inspection des écoles maternelles, aux articles 3 et 23 de la loi du 19 juillet 1889 sur les dépenses de l'instruction primaire, ou qui seraient déclarées obligatoires pour le département par des lois spéciales, ou enfin pour l'acquittement des dettes exigibles, le crédit nécessaire est inscrit d'office au budget par un décret rendu dans la forme des règlements d'administration publique et inséré au *Bulletin des lois*.

« Il est pourvu au paiement des dépenses inscrites d'office au moyen de prélèvements effectués soit sur les excédents de recettes, soit sur le crédit pour dépenses imprévues et, à défaut, au moyen d'une contribution spéciale portant sur les quatre contributions directes et établie par le décret d'inscription d'office, si elle est dans les limites du maximum fixé annuellement par la loi de finances, ou par une loi, si elle doit excéder ce maximum.

Article 62. — Le budget extraordinaire comprend les dépenses qui sont imputées sur les recettes énumérées à l'article 59.

Il est pourvu au payement des dépenses inscrites d'office au moyen de prélèvements effectués soit sur les excédents de recettes, soit sur le crédit pour les dépenses imprévues, et, à défaut, au moyen d'une imposition spéciale portant sur les trois contributions directes et établie par le décret d'inscription d'office (Décret du 5 novembre 1926).

Article 63. — Les fonds qui n'auront pu recevoir leur emploi dans le cours de l'exercice seront reportés, après clôture, sur l'exercice en cours d'exécution, avec l'affectation qu'ils avaient au budget voté par le Conseil général.

Le budget supplémentaire est voté par le Conseil général dans sa première session annuelle obligatoire et sa délibération est exécutoire dans les conditions prévues par l'article 47 de la présente loi. Toutefois, si une des recettes ordinaires ou extraordinaires prévues exige une approbation de l'autorité supérieure, le budget supplémentaire est définitivement réglé par décret (Décret du 5 novembre 1926).

Les Conseils généraux peuvent porter au budget un crédit pour dépenses imprévues (1).

Article 64. — Le comptable chargé du recouvrement des ressources éventuelles est tenu de faire, sous sa responsabilité, toutes les diligences nécessaires pour la rentrée de ces produits.

Les rôles et états des produits sont rendus exécutoires par le Préfet, et par lui remis au comptable.

Les oppositions, lorsque la matière est de la compétence des tribunaux ordinaires, sont jugées comme affaires sommaires.

« Aucune autre dépense ne peut être inscrite d'office dans le budget et les allocations qui y sont portées par le Conseil général ne peuvent être ni changées, ni modifiées par le décret qui règle le budget, sauf le cas prévu au paragraphe 2 du présent article. »

(1) L'article 63 de la loi du 10 août 1871 a été modifié ainsi qu'il suit par la loi du 29 juin 1899 :

« Article 63. — Les fonds libres de l'exercice antérieur et de l'exercice courant et provenant d'emprunts, de centimes ordinaires et extraordinaires recouvrés ou à recouvrer dans le courant de l'exercice ou de tout autre recette, seront cumulés, suivant la nature de leur origine, avec les ressources de l'exercice en cours d'exécution, pour recevoir l'affectation nouvelle qui pourra leur être donnée par le Conseil général dans le budget supplémentaire de l'exercice courant, sous réserve toutefois du maintien des crédits nécessaires à l'acquittement des restes à payer de l'exercice précédent.

« Le budget supplémentaire est voté par le Conseil général dans sa première session ordinaire et définitivement réglé par décret.

« Le Conseil général peut porter au budget un crédit pour dépenses imprévues. »

ARTICLE 65. — Le comptable chargé du service des dépenses départementales ne peut payer que sur les mandats délivrés par le Préfet, dans la limite des crédits ouverts par les budgets du département.

ARTICLE 66. — Le Conseil général entend et débat les comptes d'administration qui lui sont présentés par le Préfet, concernant les recettes et les dépenses du budget départemental.

Les comptes doivent être communiqués à la Commission départementale, avec les pièces à l'appui, dix jours au moins avant l'ouverture de la session d'août.

Les observations du Conseil général sur les comptes présentés à son examen sont adressées directement par son Président au Ministre de l'Intérieur. *Ces comptes sont arrêtés par le Conseil général. Toutefois, ils sont définitivement réglés par décret si les budgets primitifs ou supplémentaires de l'exercice considéré ont été réglés par décret* (Décret du 5 novembre 1926).

A la session d'août, le Préfet soumet au Conseil général le compte annuel de l'emploi des ressources municipales affectées aux chemins de grande communication et d'intérêt commun.

ARTICLE 67. — Les budgets et les comptes du département définitivement réglés sont rendus publics par la voie de l'impression.

ARTICLE 68. — Les secours pour travaux concernant les églises et presbytères.

Les secours généraux à des établissements et institutions de bienfaisance.

Les subventions aux communes pour acquisition, construction et réparation de maisons d'école et de salles d'asile.

Les subventions aux comices et associations agricoles ne pourront être allouées par le Ministre compétent que sur la proposition du Conseil général du département.

A cet effet, le Conseil général dressera un tableau collectif des propositions, en les classant par ordre d'urgence.

TITRE VI.

De la Commission départementale.

ARTICLE 69. — La Commission départementale est élue chaque année, à la fin de la session d'août.

Elle se compose de quatre membres au moins et de sept au plus, et elle comprend un membre choisi, autant que possible, parmi les Conseillers élus ou domiciliés dans chaque arrondissement.

Les membres de la Commission sont indéfiniment rééligibles.

ARTICLE 70. — Les fonctions de membre de la Commission départementale sont incompatibles avec celles de maire du chef-lieu de département et avec le mandat de député (1).

Article 71. — La Commission départementale est présidée par le plus âgé de ses membres. Elle élit elle-même son Secrétaire. Elle siège à la préfecture, et prend, sous l'approbation du Conseil général et avec le concours du Préfet, toutes les mesures nécessaires pour assurer son service (2).

Article 72. — La Commission départementale ne peut délibérer si la majorité de ses membres n'est présente.

Les décisions sont prises à la majorité absolue des voix.

En cas de partage, la voix du Président est prépondérante.

Il est tenu procès-verbal des délibérations. Les procès-verbaux font mention du nom des membres présents.

Article 73. — La Commission départementale se réunit au moins une fois par mois, aux époques et pour le nombre de jours qu'elle détermine elle-même, sans préjudice du droit qui appartient à son Président et au Préfet de la convoquer extraordinairement.

Article 74. — Tout membre de la Commission départementale qui s'absente des séances pendant deux mois consécutifs, sans excuse légitime admise par la Commission, est réputé démissionnaire.

Il est pourvu à son remplacement à la plus prochaine session du Conseil général.

Article 75. — Les membres de la Commission départementale ne reçoivent pas de traitement.

Article 76. — Le Préfet ou son représentant assiste aux séances de la Commission, ils sont entendus quand ils le demandent.

Les chefs de service des administrations publiques dans le département sont tenus de fournir, verbalement ou par écrit, tous les renseignements qui leur seraient réclamés par la Commission départementale sur les affaires placées dans leurs attributions.

Article 77. — La Commission départementale règle les affaires qui lui sont renvoyées par le Conseil général, dans les limites de la délégation qui lui est faite. Elle délibère sur toutes les questions qui

---

(1) L'article 70 de la loi du 10 août 1871 est modifié ainsi qu'il suit par la loi du 19 décembre 1876 :

« Les fonctions de membre de la Commission départementale sont incompatibles avec celles de maire du chef-lieu du département et avec le mandat de député ou de sénateur. »

(2) L'article 71 de la loi du 10 août 1871 est modifié ainsi qu'il suit par la loi du 8 juillet 1899 :

« Article 71. — La Commission départementale élit son président et son secrétaire. Elle siège à la préfecture et prend, sous l'approbation du Conseil général et avec le concours du Préfet, toutes les mesures nécessaires pour assurer son service. »

lui sont déférées par la loi, et elle donne son avis au Préfet sur toutes les questions qu'il lui soumet ou sur lesquelles elle croit devoir appeler son attention dans l'intérêt du département (1).

Article 78. — Le Préfet est tenu d'adresser à la Commission départementale, au commencement de chaque mois, l'état détaillé des ordonnances de délégation qu'il a reçues et des mandats de paiement qu'il a délivrés pendant le mois précédent concernant le budget départemental.

Toutes les affaires et propositions qui doivent être soumises par le Préfet aux délibérations du Conseil général doivent, exception faite pour les affaires qui devraient être soumises d'urgence à l'Assemblée départementale, être communiquées dix jours au moins avant l'ouverture de la session à la Commission départementale qui, si elle le juge utile, formule son avis et présente son rapport sur chacune d'elles au Conseil général (Décret du 5 novembre 1926).

Article 79. — A l'ouverture de chaque session ordinaire du Conseil général, la Commission départementale lui fait un rapport sur l'ensemble de ses travaux et lui soumet toutes les propositions qu'elle croit utiles.

A l'ouverture de la session d'août, elle lui présente, dans un rapport sommaire, ses observations sur le budget proposé par le Préfet.

Ces rapports sont imprimés et distribués, à moins que la Commission n'en décide autrement.

Article 80. — Chaque année, à la session d'août, la Commission départementale présente au Conseil général le relevé de tous les emprunts communaux et de toutes les contributions extraordinaires communales qui ont été votés depuis la précédente session d'août, avec indication du chiffre total des centimes extraordinaires et des dettes dont chaque commune est grevée.

Article 81. — La Commission départementale, après avoir entendu l'avis ou les propositions du Préfet :

1° Répartit les subventions diverses portées au budget départemental et dont le Conseil général ne s'est pas réservé la distribution, les fonds provenant des amendes de police correctionnelle et les fonds provenant du rachat des prestations en nature sur les lignes que ces prestations concernent ;

2° Détermine l'ordre de priorité des travaux à la charge du département, lorsque cet ordre n'a pas été fixé par le Conseil général ;

---

(1) La loi du 10 août 1871, articles 17 abrogé par la loi du 17 juillet 1875, 22, 54, 57, 66, 84 et 90, donne à la Commission un pouvoir propre de délibération; de même certaines dispositions de la loi du 11 juin 1880 sur l'exploitation des chemins de fer départementaux, de la loi du 21 décembre 1872 sur le jury criminel, de la loi du 20 août 1881 relative aux chemins ruraux.

3° Fixe l'époque et le mode d'adjudication (1) ou de réalisation des emprunts départementaux, lorsqu'ils n'ont pas été fixés par le Conseil général.

4° Fixe l'époque de l'adjudication des travaux d'utilité départementale.

Article 82. — La Commission départementale assigne à chaque membre du Conseil général et aux membres des autres Conseils électifs le canton pour lequel ils devront siéger dans le Conseil de revision.

Article 83. — La Commission départementale vérifie l'état des archives et celui du mobilier appartenant au département.

Article 84. — La Commission départementale peut charger un ou plusieurs de ses membres d'une mission relative à des objets compris dans ses attributions.

Article 85. — En cas de désaccord entre la Commission départementale et le Préfet, l'affaire peut être renvoyée à la plus prochaine session du Conseil général, qui statuera définitivement.

En cas de conflit entre la Commission départementale et le Préfet, comme aussi dans le cas où la Commission aurait outrepassé ses attributions, le Conseil général sera immédiatement convoqué, conformément aux dispositions de l'article 24 de la présente loi, et statuera sur les faits qui lui auront été soumis.

Le Conseil général pourra, s'il le juge convenable, procéder dès lors à la nomination d'une nouvelle Commission départementale.

Article 86. — La Commission départementale prononce, sur l'avis des Conseils municipaux, la déclaration de vicinalité, le classement, l'ouverture et le redressement des chemins vicinaux ordinaires, la fixation de la largeur et de la limite desdits chemins (2).

Elle exerce à cet égard les pouvoirs conférés au Préfet par les articles 15 et 16 de la loi du 21 mai 1836.

Elle approuve les abonnements relatifs aux subventions spéciales pour la dégradation des chemins vicinaux, conformément au dernier paragraphe de l'article 14 de la même loi.

Article 87. — La Commission départementale approuve le tarif des évaluations cadastrales, et elle exerce à cet égard les pouvoirs attribués au Préfet en Conseil de préfecture par la loi du 15 septembre 1807 et le règlement du 15 mars 1827.

Elle nomme les membres des Commissions syndicales, dans le cas où il s'agit d'entreprises subventionnées par le département, conformément à l'article 23 de la loi du 21 juin 1865.

---

(1) Voir le décret du 18 décembre 1881 sur les marchés de gré à gré, et l'article 100 du décret du 13 juillet 1893 qui déclare que les adjudications ne sont définitives que sur l'avis conforme de la Commission départementale.

(2) Voir la loi du 20 août 1881 relative aux chemins ruraux.

Article 88. — Les décisions prises par la Commission départementale sur les matières énumérées aux articles 86 et 87 de la présente loi seront communiquées au Préfet en même temps qu'aux Conseils municipaux ou autres parties intéressées.

Elles pourront être frappées d'appel devant le Conseil général, pour cause d'inopportunité ou de fausse appréciation des faits, soit par le Préfet, soit par les Conseils municipaux ou par toute autre partie intéressée. L'appel doit être notifié au Président de la Commission dans le délai d'un mois à partir de la communication de la décision. Le Conseil général statuera définitivement à sa plus prochaine session.

Elles pourront aussi être déférées au Conseil d'État, statuant au contentieux, pour cause d'excès de pouvoir ou de violation de la loi ou d'un règlement d'administration publique.

Le recours au Conseil d'État doit avoir lieu dans le délai de deux mois, à partir de la communication de la décision attaquée. Il peut être formé sans frais, et il est suspensif dans tous les cas.

TITRE VII

Des intérêts communs à plusieurs départements.

Article 89. — Deux ou plusieurs Conseils généraux peuvent provoquer entre eux, par l'entremise de leurs Présidents et après en avoir averti les Préfets, une entente sur les objets d'utilité départementale compris dans leurs attributions et qui intéressent à la fois leurs départements respectifs.

Ils peuvent faire des conventions à l'effet d'entreprendre ou de conserver à frais communs des ouvrages ou des institutions d'utilité commune.

Article 90. Les questions d'intérêt commun seront débattues dans des conférences, où chaque Conseil général sera représenté, soit par sa Commission départementale, soit par une Commission spéciale nommée à cet effet. Les Préfets des départements intéressés pourront toujours assister à ces conférences.

Les décisions qui y seront prises ne seront exécutoires qu'après avoir été ratifiées par tous les Conseils généraux intéressés, et sous les réserves énoncées à l'article 47 de la présente loi.

Article 91. — Si des questions autres que celles que prévoit l'article 89 étaient mises en discussion, le Préfet du département où la conférence a lieu déclarerait la réunion dissoute. Toute délibération prise après cette déclaration donnerait lieu à l'application des dispositions et pénalités énoncées à l'article 34 de la présente loi.

Dispositions spéciales ou transitoires.

Article 92. — Sont et demeurent abrogés les titres premier et second de la loi du 22 juin 1833, le titre premier de la loi du 10 mai

1838, la loi du 18 juillet 1866 et généralement toutes les dispositions de lois ou de règlements contraires à la présente loi,

ARTICLE 93. — Les articles 86 et 87 et le deuxième paragraphe de l'article 23 de la présente loi ne seront exécutoires qu'à partir du 1er janvier 1872.

ARTICLE 94. — La présente loi n'est pas applicable au département de la Seine. Il sera statué à son égard par une loi spéciale.

TITRE VIII.

Des syndicats interdépartementaux.

(Décret du 5 novembre 1926.)

ARTICLE 95. — *Les Conseils généraux de deux ou plusieurs départements peuvent, par des délibérations concordantes, décider d'associer les départements qu'ils représentent pour des œuvres d'utilité interdépartementale. Les délibérations ainsi prises devront comporter l'engagement, par chaque département, de consacrer à ces œuvres les ressources nécessaires pour faire face aux dépenses mises à sa charge.*

Des départements autres que ceux primitivement associés peuvent être admis, avec l'assentiment de ceux-ci, à faire partie de l'association qui prend le nom de : Syndicat interdépartemental.

ARTICLE 96. — *Les syndicats interdépartementaux sont des établissements publics investis de la personnalité civile.*

Les lois et règlements concernant l'administration des départements leur sont applicables.

ARTICLE 97. — *Le syndicat interdépartemental est administré par un Comité. A moins de dispositions contraires confirmées dans les délibérations concordantes décidant la création du syndicat, ce Comité est constitué d'après les règles suivantes : les membres sont élus par les Conseils généraux des départements intéressés : chaque département est représenté dans le Comité par au moins trois délégués. Le choix du Conseil général peut porter sur tout citoyen jouissant de ses droits civils et politiques. Les délégués sont élus au scrutin secret et à la majorité absolue ; si, après deux tours de scrutin, aucun candidat n'a obtenu la majorité absolue, il est procédé à un troisieme tour et l'élection a lieu à la majorité relative. En cas d'égalité de suffrages, le plus âgé est déclaré élu. La durée du mandat des délégués est de six ans. Les délégués sortants sont rééligibles.*

En cas de vacances parmi les délégués, par suite de décès, démission ou toute autre cause, et notamment par suite de la non réélection au Conseil général d'un délégué faisant partie de l'assemblée départementale, le Conseil général pourvoit au remplacement au cours de sa plus prochaine session ordinaire ou extraordinaire. Il peut donner, en cette matière, délégation à sa Commission départementale.

ARTICLE 98. — *Le département siège du syndicat est fixé par les délibérations prises par les Conseils généraux intéressés, en vertu de l'article*

95 ci-dessus. Les règles de la comptabilité départementale s'appliquent à la comptabilité des syndicats interdépartementaux. A moins de dispositions contraires dans les délibérations créant le syndicat, les fonctions de receveur du syndicat sont exercées par le trésorier-payeur général du département, siège du syndicat.

ARTICLE 99. — *Le Comité tient obligatoirement chaque année deux sessions, un mois avant les sessions ordinaires du Conseil général.*

Il peut être convoqué, en outre, par son président chaque fois que celui-ci le juge utile, ou sur la demande du tiers au moins de ses membres.

Le Comité élit annuellement, parmi ses membres, les membres de son bureau.

Il peut renvoyer au bureau le règlement de certaines affaires et lui conférer à cet effet une délégation dont il fixe les limites. A l'ouverture de la plus prochaine réunion du Comité, le bureau lui rend compte de ses travaux.

Pour l'exécution de ses décisions et pour ester en justice, le Comité est représenté par son Président. Les Préfets ont entrée dans le Comité et, le cas échéant, au bureau. Ils sont toujours entendus quand ils le demandent. Ils peuvent se faire représenter par un délégué.

ARTICLE 100. — *Les conditions de validité des délibérations du Comité et, le cas échéant, du bureau, procédant par délégation du Comité, de l'ordre et de la tenue des séances, sauf en ce qui concerne la publicité, les conditions d'annulation de ses délibérations, de nullité de droit et de recours, sont celles que fixe la loi du 10 août 1871 pour les Conseils généraux.*

ARTICLE 101. — *Les dispositions de l'article 175 de la loi du 5 avril 1884 sont applicables aux syndicats interdépartementaux.*

ARTICLE 102. — *Le budget du syndicat interdépartemental pourvoit aux dépenses de toute nature des établissements ou services pour lesquels le syndicat est constitué.*

Les recettes de ce budget comprennent :

1° La contribution des départements associés. Cette contribution est obligatoire pour lesdits départements pendant la durée de l'association et dans la limite des nécessités du service, telle que les délibérations initiales des Conseils généraux l'ont déterminée.

Les départements associés pourront affecter à cette dépense leurs ressources ordinaires et extraordinaires disponibles.

Ils sont en outre autorisés à voter, à cet effet, 5 centimes additionnels spéciaux.

2° Le revenu des biens, meubles ou immeubles de l'association.

3° Les sommes qu'elle reçoit des administrations publiques, des associations des particuliers en échange d'un service rendu.

4° Les subventions de l'Etat, des communes et de départements non associés.

5° Les produits des dons et legs.

Copie de ce budget et des comptes du syndicat sera adressée chaque année aux Conseils généraux des départements syndiqués.

Les Conseils généraux de ces départements pourront prendre communication des procès-verbaux des délibérations du Comité et de celles du bureau.

ARTICLE 103. — *Le syndicat interdépartemental peut organiser des services interdépartementaux autres que ceux prévus aux délibérations institutives, lorsque les Conseils généraux des départements associés se sont mis d'accord pour ajouter ces services aux objets de l'association primitive.*

ARTICLE 104. — *Le syndicat interdépartemental est formé, soit à perpétuité, soit pour une durée déterminée par les délibérations institutives. Il est dissous soit de plein droit par l'expiration du temps pour lequel il a été formé ou par la consommation de l'opération qu'il avait pour objet, soit par le consentement de tous les Conseils généraux intéressés. Il peut être dissous, soit par décret, sur la demande motivée de la majorité desdits Conseils, soit d'office par décret en Conseil d'Etat. Le décret de dissolution détermine, sous la réserve des droits des tiers, les conditions dans lesquelles s'opère la liquidation du syndicat.*

ARTICLE 105. — *Les dispositions qui précèdent sont applicables à l'Algérie.*

www.ingramcontent.com/pod-product-compliance
Ingram Content Group UK Ltd.
Pitfield, Milton Keynes, MK11 3LW, UK
UKHW021518260726
13993UKWH00004B/1754

9 782329 203744